Faculté de Droit de Paris.

THÈSE

POUR LA LICENCE.

L'acte public pour les matières ci-après sera soutenu le vendredi 1er décembre 1843, à dix heures,

PAR

TIMOTHÉE-AUGUSTE FORGET,

Né à Saint-Mandé (Seine).

PRÉSIDENT : M. BERRIAT SAINT-PRIX.

SUFFRAGANTS :
{ MM. DE PORTÈS.
OUDOT.
ORTOLAN.
ROUSTAIN, suppléant.

Le Candidat répondra en outre à toutes les questions qui lui seront faites sur les autres matières de l'enseignement.

Imprimerie de HENNUYER et TURPIN, rue Lemercier, 24. Batignolles.

THÈSE

POUR LA LICENCE.

L'acte public pour les matières ci-après sera soutenu le
vendredi 1er décembre 1843, à dix heures,

PAR

TIMOTHÉE-AUGUSTE FORGET,

Né à Saint-Mandé (Seine).

PRÉSIDENT : M. BERRIAT SAINT-PRIX.

SUFFRAGANTS :
- MM. DE PORTÉS.
- OUDOT.
- ORTOLAN.
- ROUSTAIN, suppléant.

Le Candidat répondra en outre à toutes les questions qui lui seront faites sur les
autres matières de l'enseignement.

Imprimerie de HENNUYER et TURPIN, rue Lemercier, 24. Batignolles.

1843

A mon Père et à ma Mère,

en

Témoignage de Respect et de Reconnaissance.

JUS ROMANUM.

DE DIVISIONE RERUM.

(*D.* I, VIII.)

Res complectuntur omnia quæ exstant, sive in patrimonio nostro, sive extra patrimonium nostrum habeantur.

Summa rerum divisio in duos articulos deducitur : nam aliæ sunt divini juris, aliæ humani.

Res divini juris sunt, aut sacræ, aut religiosæ, aut sanctæ.

Sacras esse res Gaïus ait, quæ diis superis consecratæ sunt; religiosas, quæ diis manibus relictæ sunt.

Publicè consecrabantur res sacræ, non privatè, et sacra fiebant loca publica, cùm ea princeps dedicaret seu dedicandi daret potestatem.

Sub Justiniano imperatore sacra sunt quæ ritè per pontifices Deo consecrata sunt.

Religiosum locum unusquisque suâ voluntate facit, dum mortuum infert in locum suum, vel in alienum, consentiente domino, vel in communem purum, non invito socio.

Dubium olim erat an religiosum fieri posset provinciale solum, cùm in eo solo dominium esset populi Romani vel Cæsaris, nos autem possessionem tantùm et usumfructum habere videremur; sed sub Justiniano imperatore nullum jam est discrimen inter italicum et solum provinciale.

Sanctæ sunt res quæ ab injuria hominum defensæ atque munitæ sunt, veluti leges, muri et portæ.

Res divini juris nullius in bonis habentur;

Res verò humani juris plerumque sunt alicujus in bonis; sunt hæ aut communes, aut publicæ, aut universitatis, aut privatæ.

Jure naturali omnium communia sunt illa : aer, aqua profluens, et mare, et per hoc littora maris, item lapilli, gemmæ, cæteraque quæ in littore invenimus.

Flumina penè omnia et portus publica sunt. Riparum quoque usus publicus est. Itaque naves ad eas appellere, funes arboribus ibi natis religare, retia siccare et ex mare reducere, onus aliquod in his reponere, cuilibet liberum est; sed proprietas earum illorum est quorum prædiis hærent. Qua de causa arbores quoque in his natæ eorumdem sunt.

Universitatis sunt, non singulorum, veluti quæ in civitatibus sunt theatra, et stadia, et similia, et si qua alia sunt communia civitatum.

Denique privatæ sunt res quæ sunt singulorum.

Quædam præterea res corporales sunt, quæ tangi possunt, veluti fundus, homo, vestis, aurum, argentum et alia innumerabilia; quædam incorporales, quæ tangi non possunt, qualia sunt ea quæ in jure consistunt, sicut hereditas, ususfructus, obligationes quoquo modo contractæ.

Aliam refert divisionem rerum Ulpianus; mancipi aut nec mancipi, quam Justinianus abrogavit.

NE QUID IN LOCO SACRO FIAT.

(*D.* lib. XLIII, tit. VI.)

Ait prætor : « In loco sacro facere, inve eum, immittere quid, veto. »

Hoc interdictum non de sacrario competit. Prohibitorium est, simul ac restitutorium propter religionem.

Quod ait prætor, « Ne quid in loco sacro fiat »; non ad hoc pertinet quod ornamenti causâ fit, sed quod deformitatis vel incommodi.

Populare videtur, sed maximè competit his qui locorum sacrorum curam habent.

DE LOCIS ET ITINERIBUS PUBLICIS.

(*D.* lib. XLIII, tit. vii.)

Prætoris interdicto cuilibet in publicum petere permittendum est, id, quod ad usum omnium pertineat; veluti vias publicas, itinera publica. Et ideo quolibet postulante de his interdicitur;

Daturque hoc interdictum adversus eos qui loca publica quasi privata jure usurpare tentarent, aut quid in his ædificarent.

Maximè pertinet ad vias, et non solùm ad militares, sed ad vicinales.

Via autem publica hoc interdicto vindicatur, quanto vis tempore populus eâ non usus fuerit. Nam : « Viam publicam populus non utendo amittere non potest. »

NE QUID IN LOCO PUBLICO VEL ITINERE FIAT.

(*D.* lib. XLIII, tit. viii.)

Quatuor hoc titulo continentur interdicta.

I. Interdicitur in loco publico facere in eumve aliquid immittere quod illi det damnum.

Publici loci quemadmodum appellatio accipiatur Labeo definit ; « ut et ad areas, et ad insulas, et ad agros, et ad vias publicas et ad itinera pertineat. »

Quamvis mare non publicus, sed communis sit locus, utile datur interdictum adversus eum qui molem in mare projicit.

Ad res fiscales non pertinet, quia privatæ sunt principis; et si forte de his controversia est, præfecti judices sunt.

Hoc interdictum est prohibitorium, non restitutorium, ne urbs ruinis deformetur. Competit ei qui damnum ex hoc facto sentit, veluti si prospectus vel aditus sit angustior, vel deterior; cessabit si quod postea fuit aedificatum noceat ei quod jam antea extructum erat illicitè.

Non est populare, etsi de publico intersit.

II. Ait praetor: « In via publica itinereve publico facere, immittere quid, quo ea via, idve iter deterius sit, fiat, veto. »

Duae igitur, ut detur hoc interdictum, conditiones exiguntur: 1° pertineat ad vias publicas : atque tripartita est viarum divisio : quaedam sunt publicae, etiam praetoriae, seu consulares dictae, quarum solum et usus publica sunt; quaedam privatae, quarum usus publicus, solum verò est alienum; quaedam vicinales, quae in vicis sunt aut ad vicos ducunt, et aliquando sunt privatae, et aliquando publicae.

Caeterùm hoc tantummodo ad vias rusticas spectat interdictum.

2° « Via deterior sit, fiat » : quod sic accipiendum est, si usus ejus ad commeandum corrumpatur, hoc est ad agendum vel eundum; ut, cùm plana fuerit, clivosa fiat, vel ex molli aspera, aut angustior ex latiore, aut palustris ex sicca.

Hoc interdictum prohibitorium est perpetuum et populare.

III. Praetor ait : « Quod in via publica, itinereve publico factum, immissum habes, quo ea via idve iter deterius sit, fiat, restituas. »

Contra possessorem aut eum qui dolo malo desiit possidere, competit.

Qui opus factum dereliquit, non hoc interdicto tenetur, sed actione utili ejus quanti actoris interest.

Non est temporarium, namque pertinet ad publicam utilitatem.

IV. « Quominus illi via publica, itinereve publico, ire agere liceat, vim fieri veto. » Ait praetor.

Hoc interdictum ad vias publicas tantùm pertinet; est prohibitorium.

DE VIA PUBLICA ET SI QUID IN EA FACTUM ESSE DICATUR.

(*D.* lib. XLIII, tit. x.)

Aedilium officium est studere ut quae secundum sunt civitates viae, adæquentur, et effluxiones non noceant domibus, et pontes fiant, ubicumque oportet; ne muri sint caduci, ne quid ante officinas sit projectum, ne quis rixetur in viis, neque stercora projiciat, neque morticina, neque pelles jaciat.

DE FLUMINIBUS, NE QUID IN FLUMINE PUBLICO RIPAVE EJUS FIAT QUO PEJUS NAVIGETUR. (*D.*, lib. XLIII, tit. xii.)

Duo proponuntur in hoc titulo interdicta.

Priore prætor interdicit aliquid facere vel immittere in flumine publico inve ripa ejus quo statio iterve navigio deterius sit, fiat; quod interdictum prohibitorium est.

Flumen torrens est vel perenne, publicum vel privatum, navigabile vel non; ad privatum nec ad publicum non navigabile pertinet hoc interdictum; in hoc casu, interdicto utili locus est.

Ripa ita rectè definietur, id quod flumen continet, naturalem rigorem cursus sui tenens.

Statio is est locus ubicumque naves tutò stare possunt.

Navigio comprehenduntur navigatio, naves et rates. Navigio nocet quidquid seu fluminis, seu stationis usum corrumpit.

Posterius interdictum restitutorium est; namque ait prætor : « Quod in flumine publico, ripave ejus fiat, sive quid in flumen, ripamve ejus factum, immissum habes, quo statio iterve navigio deterior sit, fiat, restituas. »

NE QUID IN FLUMINE PUBLICO FIAT, QUO ALITER AQUA FLUAT QUAM PRIORE ÆSTATE FLUXIT. (*Dig.*, lib. XLIII, tit. xiii.)

Duo quoque hoc titulo proponuntur interdicta, non navigationis sed ad accolarum commodum pertinentia; quorum unum prohibitorium, alterum restitutorium est.

Priore ait prætor : « In flumine publico, inve ripa ejus facere aut in id flumen ripamve ejus immittere quo aliter aqua fluat quàm priore æstate fluxit, veto. »

Ad omnia publica flumina, sive navigabilia, sive non navigabilia sint, pertinet; populare est, et competit adversùs eum qui id effecit ut aliter aqua flueret, et adversùs ejus hæredes.

Posteriore jubet prætor restituere quod factum vel immissum accolis nocet.

Adversùs possessorem vel eum qui dolo malo desiit possidere datur.

UT IN FLUMINE PUBLICO NAVIGARE LICEAT. (*Dig.*, lib. XLIII, tit. XIV.)

Interdicit prætor ne quis in flumine publico, navem, ratem agere, per ripam onerare, exonerare, aut per lacum, fossam, stagnum publicum navigare prohibeatur.

Competit utile interdictum publicano qui conduxit lacum vel stagnum si piscari prohibeatur; et idem esse æquissimum est ob vectigalis favorem, si a municipibus conductum habeat.

DROIT FRANÇAIS.

DE LA DISTINCTION DES BIENS.

(Cod. civ., liv. II, tit. 1, art. 516–543 moins l'art. 53o.)

LeCode civil traite, dans le premier livre, de l'état et de la capacité des personnes; dans le second, il traite des choses et des biens; nous n'avons à nous occuper ici que de ces dernières.

DE LA DISTINCTION DES BIENS.

Dans le langage philosophique, on entend par *chose* tout ce qui existe ; pour que la définition soit complète dans le langage du Droit, il faut ajouter : Et qui peut être de quelque utilité ou de quelque agrément aux hommes, que ce soit ou non possédé par eux.

Par le mot *bien*, au contraire, on désigne tout ce qui est l'objet d'une propriété, soit publique, soit privée.

En un mot, les choses sont tout ce que l'on peut posséder; les biens, ce que l'on l'on possède.

Tous les biens sont meubles et immeubles.

Cette distinction, quoique d'une moins grande utilité dans la législation actuelle que dans l'ancienne, à cause de la suppression du régime féodal et de celle des propres, etc., ne laisse pas que d'avoir encore un grand intérêt : ainsi, c'est d'après cette division que se déterminent la composition de la communauté, l'établissement du droit d'hypothèque, les formes des saisies, la capacité de la femme mariée, du mineur émancipé, du tuteur, les règles touchant la prescription, la rescision pour cause de lésion.

Il y a encore deux autres divisions des choses, qui, si elles ne sont pas textuellement dans le Code, y sont du moins d'une manière implicite, savoir :

Les choses corporelles et incorporelles ; les choses fongibles et non fongibles.

CHAPITRE Iᵉʳ.

§ Iᵉ.

DES IMMEUBLES.

Les immeubles, à proprement parler, sont les choses qui ne peuvent se mouvoir, soit par elles-mêmes, soit au moyen d'une force étrangère ; *res non moventes*, dit le législateur romain.

Les biens, d'après le Code civil (art. 518), sont immeubles ou par leur nature, ou par leur destination, ou par l'objet auquel ils s'appliquent ; j'ajouterai encore ou par la permission de la loi.

DES IMMEUBLES PAR LEUR NATURE.

Les immeubles par leur nature sont donc tous les objets qui ne peuvent être transportés d'un lieu à un autre, sans être dégradés ou détériorés : le sol et tout ce qui y est adhérent.

Ainsi sont immeubles par leur nature, aux termes du Code, les fonds de terre et les bâtiments.

Les moulins à vent et à eau fixés sur pilier et faisant partie du bâtiment (519 — comparer avec 531).

Les récoltes pendantes par les racines et les fruits des arbres non encore recueillis.

Dès que les grains sont coupés et les fruits détachés, quoique non enlevés, ils sont meubles.

Si une partie seulement de la récolte est coupée, cette partie seule est meuble (art. 520).

Les coupes ordinaires de bois taillis ou de futaies, mises en coupes réglées, ne deviennent meubles qu'au fur et à mesure que les arbres sont coupés; ce qui est vrai par rapport au propriétaire, mais non par rapport à l'acheteur de la coupe, mais non encore par rapport au créancier dans certains cas.

DES IMMEUBLES PAR DESTINATION.

§ II.

Sont immeubles par destination, 1° tous les objets mobiliers que le propriétaire d'un fonds y a placés pour le service et l'exploitation de ce fonds.

2° Tous les effets mobiliers qu'il y a attachés en perpétuelle demeure.

Dans le premier cas, comme dans le second, la loi impose pour condition que les meubles aient reçu leur destination du propriétaire; le propriétaire seul peut les consacrer. Dans le premier cas, il est parlé des meubles qui servent à l'exploitation d'un fonds : tels que bœufs, charrettes, chevaux, semences, etc.; dans le second, ce sont tous les objets ou effets mobiliers placés à perpétuelle demeure.

Toutefois je pense que les meubles servant à l'exploitation d'un fonds, placés par l'usufruitier, acquerront quant à lui, et tant que durera son usufruit, la qualité d'immeubles par destination : l'intérêt de l'agriculture, qui les a fait ranger dans cette classe par rapport au propriétaire, est ici le même; d'ailleurs l'usufruitier a, comme le propriétaire, un droit réel : il jouit comme lui, il le représente.

Quant aux effets mobiliers pour lesquels la loi exige cette condition de plus, « qu'ils soient placés à perpétuelle demeure », bien qu'on puisse dire que l'usufruitier ne pourra jamais la remplir, cependant je pense qu'ils doivent être aussi rangés dans la classe des immeubles par destination, quant à lui, quoiqu'il n'y ait pas les mêmes raisons de décider.

Le Code civil, article 524, fait l'énumération des choses mobilières qui peuvent être considérées comme immeubles par destination : cette énumération n'est qu'énonciative ; ainsi, bien que les échalas qui servent dans les vignes n'y soient pas compris, ils n'en sont pas moins immeubles par destination quand, toutefois, ils ont déjà été employés.

DES IMMEUBLES PAR L'OBJET AUQUEL ILS S'APPLIQUENT.

§ III.

Dans cette classe sont compris les droits qui sont un démembrement de la propriété ; tels sont l'usufruit des choses immobilières, les servitudes, et les actions qui tendent à revendiquer un immeuble (art. 526).

Le mot *usufruit* n'est pas pris ici dans un sens rigoureusement propre : il s'entend aussi des droits d'usage et d'habitation, lesquels ne peuvent même exister que sur des immeubles.

DES IMMEUBLES PAR LA PERMISSION DE LA LOI.

§ IV.

Bien que le Code ait formellement déclaré *meubles* toute espèce de rentes et créances, depuis sa publication les décrets des 16 janvier et 1er mars 1808 ont permis cependant d'immobiliser les rentes de la Banque de France, et celles sur l'État pour la formation d'un majorat. Le décret du 16 mars 1810 a étendu ces dispositions aux actions des canaux d'Orléans et du Loing.

Ce sont les immeubles par la permission de la loi.

CHAPITRE II.

DES MEUBLES.

Les meubles se divisent en meubles par leur nature et en meubles par la détermination de la loi.

§ 1.

DES MEUBLES PAR LEUR NATURE.

Les meubles par leur nature sont les corps qui se meuvent par eux-mêmes, comme les animaux, ou par l'effet d'une force étrangère, comme les choses inanimées (art. 528).

Les articles 531 et 532 ne sont que des conséquences de ce principe, conséquences auxquelles la doctrine eût suppléé facilement, mais que la loi a voulu prévoir textuellement, afin d'éviter les doutes qui auraient pu s'élever. Il était inutile, en effet, de déclarer meubles par leur nature les bateaux, bacs et navires, qui sont essentiellement mobiles, les moulins, bains sur bateaux, et autres non fixés par des piliers et ne faisant pas partie des bâtiments; car ce sont les conditions diamétralement opposées à celles exigées dans l'article 519 qui déclare ces objets immeubles par leur nature; mais la loi a craint que leur importance ne les fît ranger dans la classe des immeubles (ce qui avait lieu autrefois dans certaines coutumes), surtout lorsqu'on verrait que, à cause de cette même valeur, elle assujettissait leur saisie à des formalités particulières. (C. pr. 620.)

Et quant à l'art. 532, le législateur a craint aussi que les matériaux provenant de la démolition d'un édifice, et ceux assemblés pour une construction, ne soient considérés comme immeubles, en raison de leur destination prochaine.

Enfin les rédacteurs du Code, art. 533, 534, 535, nous donnent une espèce de vocabulaire, pour déterminer la signification de divers termes qui désignent d'une manière plus ou moins générale les choses mobilières; tels sont les mots *meubles*, *meubles meublants, mobilier, effets mobiliers*. Mais malheureusement les définitions données à ces termes sont loin de satisfaire le jurisconsulte qui compare attentivement la signification donnée par la loi avec celle qu'on y attache. Dans le langage usuel les mots changent continuellement de signification; il est donc du devoir du juge de rechercher l'intention de celui qui les a employés.

§ II.

DES MEUBLES PAR LA DÉTERMINATION DE LA LOI.

De même que le Code appelle immeubles par la détermination de la loi, les droits qui tendent à des choses immobilières, de même il appelle meubles par la détermination de la loi tous les droits qui tendent à des choses mobilières. L'art. 529 est donc la contre-partie de l'art. 526, c'est la reproduction de ce principe puisé dans le droit romain, *actio quæ tendit ad immobile est immobilis; actio quæ tendit ad mobile est mobilis.*

Pour prévenir des difficultés, la loi a cru devoir s'expliquer sur les actions et intérêts dans les compagnies de finance, de commerce ou d'industrie, car ces compagnies possèdent souvent des immeubles; on eût pu croire que par suite les droits des associés étaient immobiliers.

Mais la société forme un être moral, distinct et séparé de la personne de chaque associé, et cet être moral, jusqu'à sa dissolution, est censé propriétaire du fonds social : en conséquence, les intéressés ou actionnaires n'ont jusqu'à cette époque qu'un droit contre la société à l'effet de recueillir un dividende mobilier.

Mais l'être moral, société, exerce encore sur tous les biens qui composent le fonds social, les droits d'un véritable propriétaire dans toute leur étendue et avec tous leurs effets.

Au sujet des rentes, ce n'est pas une question que la loi a voulu résoudre, c'est un principe nouveau qu'elle a voulu introduire.

Dans le droit coutumier, les rentes foncières étaient considérées comme immeubles; pour les rentes constituées, il y avait diversité; actuellement donc, toute rente sans distinction est mobilière, sauf toutefois celles dont il a été question ci-dessus, chap. Ier, § IV. Mais encore faut-il une déclaration expresse du propriétaire.

CHAPITRE III.

DES BIENS DANS LEURS RAPPORTS AVEC CEUX QUI LES POSSÈDENT.

(*Cod. c.*, art. 2226, 2227. — Loi des 22 novembre, 1er décembre 1790 sur les domaines nationaux, art. 1, 15. — Loi du 2 mars 1832 sur la liste civile, art. 8, 16, 22, 25. — Loi du 21 mai 1836 sur les chemins vicinaux.)

Envisagés sous ce point de vue, les biens sont : 1° du domaine public; 2° de l'État; 3° de la couronne; 4° des communes; 5° des particuliers.

Ou, d'après une classification plus simple qui renferme la première, les biens appartiennent à l'État ou aux particuliers.

En suivant cette classification, les biens de l'État peuvent être rangés en quatre classes, selon l'usage auquel ils sont affectés et l'étendue des droits de propriété qui compètent à l'État.

La première classe comprend les choses destinées à l'usage commun des citoyens et que l'État doit entretenir dans ce but; de ce nombre sont : les routes et rues à la charge de l'État, les fleuves ou rivières navigables et flottables, les rivages de la mer, etc.

La seconde contient les choses dont l'État use par lui-même dans un but d'utilité générale. Tels sont les fortifications, les biens qui forment la dotation de la couronne.

La troisième renferme les choses dont la jouissance ou la disposition est abandonnée au gouvernement, afin de le mettre à même de pourvoir aux besoins de l'État; de ce nombre, les lais et les relais de la mer, les biens vacants et sans maître.

La quatrième enfin comprend les choses qui appartiennent à l'État, en ce sens seulement qu'il a le droit de déterminer les conditions auxquelles les particuliers peuvent en acquérir la propriété, comme les animaux sauvages, les poissons.

Cette classification des biens de l'État s'applique aux biens des communes et des établissements publics, lesquels appartiennent aussi à l'État, mais d'une manière indirecte, en ce sens que les communes et les établissements publics tiennent de l'État leur qualité de personnes juridiques et par conséquent la faculté d'acquérir.

Les choses appartenant à l'État et aux communes comprises dans les deux premières classes sont hors du commerce et frappées d'une inaliénabilité absolue, mais seulement tant que dure leur destination.

Toute autre espèce de choses susceptibles de propriété sont dans le commerce et aliénables, à moins que la loi, par des dispositions particulières, ne les ait momentanément frappées d'inaliénabilité.

On entend par biens de la couronne ceux qui sont donnés au roi pour soutenir les charges du trône. Le roi n'a sur ces biens qu'un droit d'usufruit.

La loi des 22 novembre et 1er décembre 1790 ne permet l'aliénation des domaines de l'État (ceux qui en sont susceptibles) qu'au moyen d'une loi.

QUESTIONS ET PROPOSITIONS.

I. Le tiers acquéreur des constructions élevées par un fermier en vertu d'une clause de son bail, constructions que le bailleur s'est engagé à reprendre sur estimation à la fin du bail, est-il passible du droit établi pour les mutations immobilières? — Non.

II. Le droit du fermier est mobilier.

III. Le droit d'hypothèque est immobilier.

IV. Les charges de notaires, d'avoués, etc., sont meubles.

V. Le droit d'emphytéose est immobilier.